DÉCRET

DU 13 MARS 1894

PORTANT RÈGLEMENT

SUR

L'ORGANISATION

DE

L'ÉCOLE POLYTECHNIQUE

(Extrait du *Journal militaire*, 1er semestre 1894, n° 5.)

PARIS

LIBRAIRIE MILITAIRE DE L. BAUDOIN

IMPRIMEUR-ÉDITEUR

30, Rue et Passage Dauphine, 30

1894

RAPPORT

adressé au Président de la République française sur l'organisation de l'École polytechnique.

11 MARS 1894

Monsieur le Président,

Le décret du 15 avril 1873, portant réorganisation de l'Ecole polytechnique, a dû être complété depuis lors par diverses décisions ministérielles pour tenir compte à la fois de dispositions législatives nouvelles qui la visaient et de règlements d'ordre général dont l'application devait lui être faite. Enfin, une loi promulguée le 2 mars courant a modifié les limites d'âge pour l'admission.

Le décret de 1873 ne répond donc plus à la situation actuelle, et il est devenu indispensable de le remanier en vue de le mettre en harmonie avec les lois, décrets et décisions ministérielles dont les dispositions sont devenues applicables à l'Ecole polytechnique. Tel est l'objet du projet de décret que j'ai l'honneur de soumettre à votre haute sanction.

En même temps que les lois nouvelles accentuaient le caractère militaire de l'Ecole polytechnique, s'est accrue la disproportion existant entre le nombre des élèves classés dans les services militaires et celui des élèves classés dans les carrières civiles. Dans ces conditions, il m'a paru qu'il y avait lieu de modifier la composition du conseil de perfectionnement de l'école en donnant aux départements de la guerre et de la marine un nombre de représentants égal au nombre des représentants réunis des départements ministériels civils de l'enseignement de l'école et de l'Institut.

Ainsi, il sera possible aux premiers d'exercer sur l'enseignement de l'école une action en rapport avec l'importance croissante des services techniques de l'armée et de la marine, tout en laissant aux représentants autorisés des services civils et de la science pure la légitime part d'influence qu'ils doivent avoir dans une école qui est et doit rester le centre des hautes études scientifiques où l'Etat puise ses officiers techniques et ses ingénieurs.

Si vous approuvez les considérations exposées dans le présent rapport, j'ai l'honneur de vous prier de bien vouloir revêtir de votre signature le décret ci-joint.

Veuillez agréer, Monsieur le Président, l'hommage de mon respectueux dévouement.

Le Ministre de la guerre,

Signé : A. MERCIER.

DÉCRET

DU 13 MARS 1894

portant règlement sur l'organisation de l'École polytechnique.

———————

Le Président de la République française,

Sur le rapport du Ministre de la guerre,

Vu la loi du 25 frimaire an VIII (16 décembre 1799), portant organisation de l'Ecole polytechnique ;

Les décrets des 27 messidor an XII et 22 fructidor an XII (16 juillet 1804 et 9 septembre 1805) ;

La loi du 14 avril 1832 sur l'avancement dans l'armée ;

La loi des 26 janvier, 3 mai et 5 juin 1859 ;

Le décret du 15 avril 1873 ;

La loi du 15 juillet 1889 ;

Le décret du 28 septembre 1889 ;

La loi du 10 janvier 1890 ;

Le décret du 1er mars 1890 ;

Le décret du 26 juillet 1893 ;

La loi du 2 mars 1894,

DÉCRÈTE :

TITRE PREMIER.

INSTITUTION DE L'ÉCOLE POLYTECHNIQUE.

Art. 1er. L'Ecole polytechnique est spécialement destinée à former des élèves pour les services ci-après, savoir :

L'artillerie de terre, l'artillerie de mer ;

Le génie militaire, le génie maritime ;

La marine nationale, le corps des ingénieurs hydrographes, le commissariat de la marine ;

Le commissariat des colonies ;

Les ponts et chaussées et les mines ;

Les poudres et salpêtres ;

Les postes et télégraphes ;

Les manufactures de l'Etat ;

Enfin, pour les autres services publics qui exigent des connaissances étendues dans les sciences mathématiques, physiques et chimiques.

Art. 2. Nul n'est admis à l'Ecole polytechnique que par voie de concours.

Aucun élève de cette école ne peut être admis dans un des services publics énumérés en l'article précédent qu'après avoir satisfait aux examens de sortie et avoir été jugé admissible dans ce service par le jury institué à l'article 58 ci-après.

L'accomplissement de ces conditions ne suffit pas pour constituer un droit à l'admission dans un service ; cette admission est toujours subordonnée au nombre de places disponibles au moment de la sortie de l'école, à l'aptitude physique de l'élève et au rang occupé par lui sur la liste par ordre de mérite du classement de sortie, ainsi qu'il est spécifié à l'article 66 du présent décret.

Art. 3. L'Ecole polytechnique est soumise au régime militaire et placée dans les attributions du Ministre de la guerre, avec lequel le commandant de l'école correspond directement.

Art. 4. Chaque année, le Ministre de la guerre détermine le nombre d'élèves à admettre à l'école; ce nombre peut dépasser d'un dixième le chiffre présumé des emplois dans les services publics qu'il sera possible de donner à ces élèves lors de leur sortie de l'école.

Art. 5. L'enseignement donné aux élèves comprend les cours indiqués à l'article 22 ci-après.

L'instruction militaire comporte, outre les manœuvres et exercices pratiques, une partie théorique traitée dans des conférences faites par les officiers du cadre, suivant un programme arrêté par le Ministre, sur la proposition du commandant de l'école.

Art. 6. Le prix de la pension est de 1000 fr. par an ; celui du trousseau est fixé, chaque année, par le Ministre de la guerre. Chaque élève doit, en outre, en entrant, verser dans la caisse du conseil d'administration une somme de 100 fr. pour constituer sa masse individuelle.

Art. 7. Des bourses ou demi-bourses sont accordées aux élèves qui ont préalablement fait constater l'insuffisance des ressources de leur famille dans les formes édictées par la loi.

Les bourses et demi-bourses sont accordées par le Ministre de la guerre, sur la proposition des conseils d'instruction et d'administration de l'école réunis, pour en délibérer en commun, sous la présidence du commandant de l'école.

Il peut être alloué, sur la proposition des conseils précités, à chaque boursier ou demi-boursier un trousseau ou un demi-trousseau à son entrée à l'école.

Les noms des bénéficiaires sont insérés chaque année au *Journal officiel* et dans l'un des journaux du département où l'élève boursier et ses parents ont leur domicile.

Les élèves qui obtiennent une bourse ou une demi-bourse avec ou sans trousseau sont tenus, sous peine de remboursement au Trésor du montant de ces frais de pension et de trousseau, de servir au moins pendant dix ans dans celui des services publics civils ou militaires auxquels ils ont droit d'après leur numéro de classement sur la liste de sortie.

TITRE II.

MODE ET CONDITIONS D'ADMISSION DES ÉLÈVES.

Art. 8. Le concours d'admission à l'Ecole polytechnique est public.

Il a lieu, tous les ans, à Paris et dans certaines villes désignées par le Ministre de la guerre.

Le Ministre de la guerre en détermine les règles, après avoir pris l'avis du conseil de perfectionnement institué par l'article 37 ci-après.

Art. 9. Les examinateurs d'admission sont nommés par le Ministre de la guerre, pour une période de trois années, après laquelle ils peuvent être nommés de nouveau.

Chaque fois qu'il y a lieu de nommer à l'un de ces emplois, le conseil de perfectionnement doit présenter deux candidats après avoir consulté le conseil d'instruction, conformément à ce qui est réglé au troisième paragraphe de l'article 35 ci-après.

Les examinateurs d'admission ne doivent participer à aucun des exercices qui ont pour but de préparer des jeunes gens au concours d'admission, ni publier aucun ouvrage sur les matières de l'examen. Le général commandant l'école provoque le remplacement de tout examinateur qui s'écarterait de cette prescription.

Chaque année, le Ministre désigne un officier de l'état-major de l'école pour examiner l'aptitude des candidats à l'équitation, à l'escrime et à la gymnastique.

Art. 10. Nul ne peut concourir pour l'admission à l'Ecole polytechnique s'il n'a préalablement justifié :

1º Qu'il est Français ou naturalisé Français ;

2º Qu'il a été vacciné avec succès, ou qu'il a eu la petite vérole;

3º Qu'il a eu plus de dix-sept ans et moins de vingt et un ans au 1er janvier de l'année du concours.

Par mesure transitoire, les militaires présents sous les drapeaux le 1er janvier 1895 qui, avant cette date, auront atteint ou dépassé l'âge de vingt et un ans et auront accompli au 1er juillet de l'année du concours six mois de service effectif et réel, seront admis à concourir pourvu qu'ils n'aient pas dépassé l'âge de vingt-cinq ans à cette même date.

Pour obtenir l'autorisation de concourir, ces militaires doivent produire un certificat du conseil d'administration de leur corps, constatant la durée de leurs services, ainsi qu'un certificat de bonne conduite.

Aucune dispense d'âge ou de temps de service ne peut être accordée.

Les militaires admis transitoirement à concourir après l'âge de vingt et un ans ne peuvent, à leur sortie de l'école, être placés que dans les services militaires.

Art. 11. Chaque année, le Ministre de la guerre arrête, après avoir consulté le conseil de perfectionnement, le programme des matières sur lesquelles doivent porter les examens, ainsi que l'époque de l'ouverture de ces examens.

L'arrêté du Ministre de la guerre est rendu public avant le 1er avril.

Art. 12. Après la clôture des examens, un jury composé comme il suit :

Le commandant de l'école, président ;

Le commandant en second ;

Le directeur des études ;

Les examinateurs d'admission, y compris l'examinateur d'aptitude aux exercices physiques ;

Trois membres du conseil de perfectionnement désignés à cet effet par ce conseil, dresse la liste par ordre de mérite des candidats ayant subi toutes les épreuves du concours. Ce jury procède dans les formes prescrites par le Ministre de la guerre, sur l'avis du conseil de perfectionnenent.

Il ne peut délibérer qu'autant que les deux tiers de ses membres sont présents.

Art. 13. Le Ministre de la guerre nomme élèves, dans la limite fixée par l'article 4 précédent, et en suivant l'ordre de la liste dressée par le jury, les candidats qui remplissent les conditions déterminées par l'article 10.

Art. 14. Les élèves à leur arrivée à l'école sont soumis à un examen médical.

Ceux qui sont reconnus aptes au service militaire contractent un engagement spécial de trois ans, qui court du 1er octobre de l'année de l'entrée à l'école. Ces engagements sont contractés au moment de l'admission devant le maire de l'un des arrondissements de Paris.

Le contractant n'est assujetti à aucune condition d'âge autre que celles qui sont exigées pour l'entrée à l'école. Il en justifie par la production du certificat d'admission (modèle A ci-annexé). Il produit, en outre, l'extrait de son casier judiciaire et un certificat d'aptitude délivré par le général commandant l'école (modèle B ci-annexé).

Les engagements sont souscrits pour une des armes de l'artillerie ou du génie.

Si, pendant la durée des études, un élève est admis à redoubler une année à l'école, cette année ne compte pas dans la durée de l'engagement.

Les élèves qui n'auraient pas été reconnus aptes au service militaire pour l'un des motifs ci-après :

1º Défaut de taille ;

2º Faiblesse de constitution, lorsque celle-ci paraît susceptible de s'améliorer avec le temps ;

3º Vices de conformation et infirmités compatibles avec le service auxiliaire,

Ne sont admis à l'école qu'après une visite passée devant une commission composée : 1º du général commandant l'école ; 2º d'un membre du conseil de perfectionnement représentant un des services civils qui se recrutent à l'école et désigné annuellement par le Ministre ; 3º du médecin chef de l'école.

Cette commission doit s'assurer que les vices de conformation et les infirmités dont les jeunes gens sont atteints ne font pas obstacle au port de l'uniforme et qu'ils ne sont pas de nature à les mettre hors d'état de suivre les cours et exercices militaires de l'école, non plus qu'à les rendre impropres à un service public.

Les décisions de la commission sont prises à la majorité des voix et sont sans appel.

Tout élève non engagé qui est devenu apte au service militaire peut souscrire, pendant son séjour à l'école, un engagement de trois ans remontant au 1ᵉʳ octobre de l'année de son entrée à l'école. Cette aptitude est constatée par le général commandant l'école et le médecin chef.

Art. 15. Un certain nombre d'étrangers peuvent être autorisés par le Ministre de la guerre à suivre les cours de l'école comme auditeurs externes, après constatation de leur aptitude par un examen spécial.

Les conditions de cet examen et le mode de participation de ces jeunes gens à l'enseignement de l'école sont déterminés par le Ministre de la guerre.

Aucun étranger ne peut être admis comme élève interne.

TITRE III.

PERSONNEL DE L'ÉCOLE.

SECTION I. — PERSONNEL DU COMMANDEMENT.

Art. 16. L'état-major de l'école se compose de :

Un officier général commandant ;

Un colonel ou lieutenant-colonel, commandant en second ;

Un chef d'escadron d'artillerie, directeur de l'instruction militaire ;

Six capitaines, inspecteurs des études ;

Un médecin principal de 2ᵉ classe ;

Un médecin-major de 2ᵉ classe.

Le petit état-major comprend :

Huit adjudants de compagnie ;
Un adjudant 1er maître d'escrime ;
Cinq sergents-majors gardes-consigne ;
Un sergent maître d'escrime ;
Neuf caporaux moniteurs d'escrime ;
Un sergent ou caporal clairon ;
Huit clairons ;
Quatre hommes de troupe, dont un secrétaire du général commandant l'école.

Tout le personnel militaire est logé à l'école.

Art. 17. Le commandant de l'école est nommé par le président de la République sur la proposition du Ministre de la guerre.

Le commandant en second est nommé par le Ministre ; il est choisi parmi les anciens élèves dans une arme différente de celle à laquelle a appartenu le commandant de l'école.

Le chef d'escadron d'artillerie, les capitaines et les adjudants sont nommés par le Ministre de la guerre ; le chef d'escadron et les capitaines sont choisis parmi les anciens élèves de l'école en activité de service.

Art. 18. L'autorité du commandant de l'école s'étend sur toutes les parties du service et sur tout le personnel militaire enseignant et administratif. Il est spécialement chargé d'assurer l'exécution des règlements, ainsi que le maintien de l'ordre et de la discipline. Il a la présidence des conseils d'instruction et d'administration.

Il correspond directement avec le Ministre de la guerre. Il n'a pas d'officier d'ordonnance ; un des capitaines employés à l'école en remplit les fonctions dans les circonstances exceptionnelles.

Art. 19. Le commandant en second a autorité sur le personnel militaire et le personnel administratif. Il est responsable, vis-à-vis du général commandant, de l'instruction militaire, de la police et de la discipline.

Il tient les feuillets du personnel des officiers de l'état-major et le journal de mobilisation de l'école.

A l'égard du personnel militaire et des élèves, il possède les attributions d'un chef de corps.

Il est membre des conseils d'instruction, de perfectionnement et de discipline.

Dans toutes les parties du service, il est l'intermédiaire habituel du général qu'il remplace dans toutes ses fonctions en cas d'absence ou d'empêchement.

Art. 20. L'officier supérieur directeur de l'instruction militaire est chargé, sous l'autorité du commandant en second, de la direction de tous les exercices et conférences militaires.

Il est chargé des examens de sortie des élèves, en ce qui concerne l'instruction militaire.

Il est membre des conseils d'instruction et de discipline.

Il possède, à l'égard des compagnies entre lesquelles sont répartis les élèves, les attributions d'un chef de bataillon et il en prend le commandement lorsqu'elles sont réunies.

En cas d'absence ou de maladie du commandant en second, il le remplace dans ses fonctions.

Art. 21. Les attributions des capitaines et des adjudants sont déterminées par le règlement intérieur de l'école arrêté par le Ministre de la guerre.

SECTION II. — Personnel de l'enseignement.

Art. 22. Le personnel de l'enseignement comprend :

§ 1er. Un directeur des études;
Deux professeurs d'analyse ;
Deux professeurs de mécanique et de machines ;
Un professeur de géométrie descriptive et de stéréotomie ;
Deux professeurs de physique ;
Deux professeurs de chimie ;
Un professeur d'astronomie ;
Un professeur d'architecture ;
Un professeur d'histoire et de littérature ;
Un chef des travaux graphiques ;
Deux répétiteurs et deux répétiteurs adjoints d'analyse;
Deux répétiteurs et deux répétiteurs adjoints de mécanique et de machines ;
Un répétiteur et un répétiteur adjoint de géométrie descriptive et de stéréotomie ;
Deux répétiteurs et deux répétiteurs adjoints de physique ;
Deux répétiteurs et deux répétiteurs adjoints de chimie ;
Un répétiteur et un répétiteur adjoint d'astronomie ;
Un répétiteur d'architecture ;
Un répétiteur d'histoire et de littérature ;
Un professeur et quatre maîtres de dessin d'imitation ;
Un maître de dessin de machines ;
Quatre maîtres de conférences d'allemand.

§ 2. Cinq examinateurs des élèves, savoir :
Un pour l'analyse ;
Un pour la mécanique et les machines ;
Un pour la géométrie descriptive, la stéréotomie, l'astronomie ;
Un pour la physique ;
Un pour la chimie.

§ 3. Il peut être, en outre, attaché un répétiteur auxiliaire à ceux des cours pour lesquels cette mesure serait reconnue nécessaire par une délibération spéciale du conseil de perfectionnement.

Aucun fonctionnaire de l'enseignement ne peut être maintenu dans son emploi passé l'âge de soixante-dix ans.

Art. 23. Le directeur des études est nommé par le président de la République, sur la proposition du Ministre de la guerre, et choisi sur une liste de deux candidats présentés à cet effet par le conseil de perfectionnement.

Art. 24. Les examinateurs des élèves et les professeurs sont nommés par le président de la République, sur la proposition du Ministre de la guerre.

Le chef des travaux graphiques est nommé par le Ministre de la guerre.

Chaque année, le Ministre nomme les répétiteurs, les répétiteurs adjoints et auxiliaires, les maîtres, pour la durée de l'année scolaire suivante, après laquelle ils peuvent être nommés à nouveau, sur la proposition des conseils de l'école.

Chaque fois qu'il y a lieu de remplir une vacance dans l'un des emplois indiqués aux trois paragraphes ci-dessus, le conseil de perfectionnement doit, sur la demande du Ministre, présenter deux candidats après avoir consulté le conseil d'instruction, conformément à ce qui est réglé au troisième paragraphe de l'article 35 ci-après.

Le ministre de la guerre détermine les conditions auxquelles doivent satisfaire les candidats.

Art. 25. Le directeur des études a sous sa surveillance spéciale tous les détails de l'instruction. Il est chargé, sous l'autorité du commandant de l'école, d'assurer l'exécution des programmes d'enseignement et de tous les règlements relatifs aux études.

Les membres du corps enseignant, les examinateurs des élèves et les examinateurs d'admission sont placés sous sa direction.

Il est membre de tous les conseils de l'école, sauf du conseil de discipline, et remplit dans le conseil de perfectionnement les fonctions de secrétaire.

Art. 26. Les examinateurs des élèves sont chargés des examens à la suite desquels s'établissent, à la fin de chaque année scolaire, les listes de classement pour le passage de la 2e à la 1re division et pour l'admission dans les services publics.

Ils se tiennent au courant, durant l'année, de l'état de l'enseignement de l'école en ce qui se rapporte aux matières des examens dont ils sont chargés, et ils consignent les observations et propositions qu'ils croient devoir faire pour l'amélioration de cette partie de l'instruction, dans des rapports qu'ils remettent au directeur des études et qui sont ultérieurement soumis au conseil de perfectionnement.

SECTION III. — Personnel administratif.

Art. 27. Sont attachés à l'école :
Un administrateur civil ou un major ;
Un bibliothécaire ;
Un trésorier, garde des archives ;
Un comptable du matériel ;
Trois conservateurs des collections scientifiques ;
Un adjoint au trésorier ;
Un adjoint au comptable du matériel ;
Un sous-chef de bureau à la direction des études ;
Un préposé aux vivres.

Le Ministre de la guerre nomme à tous ces emplois, sur la proposition du général commandant l'école, qui lui transmet les demandes, titres et états de services de tous les candidats.

Lorsqu'il s'agit de la nomination des conservateurs des collections scientifiques, l'avis du conseil d'instruction est joint aux propositions faites au Ministre.

Les fonctionnaires du personnel administratif ci-dessus désignés ne peuvent être maintenus dans leur emploi au delà de soixante-cinq ans, à l'exception de ceux se trouvant dans les conditions prévues par l'article 8 de la loi du 9 juin 1853 sur les pensions civiles.

Art. 28. Le Ministre de la guerre détermine, sur la proposition du conseil d'administration, le nombre des commis d'administration, employés et agents secondaires à attacher à l'école.

Les nominations aux emplois de commis et agents secondaires sont faites par le Ministre dans les conditions déterminées par l'article 24 de la loi du 18 mars 1889, relative au rengagement des sous-officiers, et de l'article 84 de la loi du 15 juillet de la même année sur le recrutement de l'armée. A défaut de candidats réunissant les conditions légales, ces nominations sont faites sur la présentation de M. le général commandant l'école.

Ces commis et agents sont répartis par les soins du conseil d'administration entre les divers services suivant leurs besoins respectifs.

Les commis ne peuvent être maintenus au delà de l'âge de soixante-cinq ans et les agents au delà de soixante ans.

SECTION IV. — Service des batiments.

Art. 29. Un adjoint du génie attaché à la chefferie du génie de Paris (rive gauche) est chargé de la surveillance et de l'exécution des travaux de bâtiments qui sont soldés sur les fonds du budget de l'école, dans les conditions prévues au règlement du 26 juillet 1893 (art. 166).
Il est logé à l'école.

SECTION V. — Dispositions relatives aux divers personnels
DE L'ÉCOLE.

Art. 30. Les officiers et sous-officiers en activité de service employés à l'école reçoivent sur le budget du département de la guerre la solde afférente à leur grade, conformément aux tarifs et règlements en vigueur.

Les fonctionnaires non militaires et les employés d'administration sont rétribués sur les fonds du budget de l'école, conformément au tarif de solde en vigueur pour le personnel civil des écoles militaires.

Art. 31. Les traitements de tous les professeurs, répétiteurs, fonctionnaires et employés non militaires, ainsi que ceux des agents de l'école sont passibles des retenues prescrites par la loi du 9 juin 1853 sur les pensions civiles.

Les fonctionnaires, employés ou agents civils logés à l'école sont :

1° Le directeur des études ;
L'administrateur civil ou major ;
Le bibliothécaire ;
Le trésorier ;
Le comptable du matériel ;
L'adjoint au trésorier ;
L'adjoint au comptable ;

2° Le sous-chef de bureau de la direction des études ;
Le préposé aux vivres ;
Le commis d'administration chargé du casernement ;

3° Seize agents, savoir :
Deux ouvriers d'art (menuisier et serrurier) ;
Le chef gazier ;
Deux chefs de cuisine ;
L'agent chargé du service des eaux ;
Trois concierges ;
Le casernier auxiliaire ;
Quatre garçons de bureau ;
Le gardien de la bibliothèque ;
L'agent chargé du service des bains ;

4° Les sœurs et les infirmiers.

Art. 32. Les membres du personnel de l'enseignement, les fonctionnaires, commis, employés et agents visés aux articles 22, 27 et 28 ci-dessus, ne peuvent être révoqués que par l'autorité qui les a nommés.

TITRE IV.

ENSEIGNEMENT.

Art. 33. La durée des cours à l'Ecole polytechnique est de deux ans.

Un élève ne peut être autorisé à passer plus de deux années à l'école que par une décision du Ministre de la guerre prise dans les deux circonstances suivantes :

1° S'il a été l'objet d'une mesure d'exclusion temporaire dans les conditions déterminées aux articles 49 et 50 ci-après ;

2° S'il a été proposé pour une troisième année d'études par le jury chargé, conformément à l'article 58 ci-après, du classement de la division dont cet élève fait partie et dans le cas seulement où, par suite d'une maladie qui aurait occasionné une suspension de travail, il n'aurait pas été en mesure de satisfaire aux examens de première ou de deuxième année.

Cette autorisation ne peut être accordée qu'une seule fois.

Sauf le cas d'exclusion définitive, tout élève qui a quitté l'école peut y être réadmis par voie de concours, s'il remplit encore les conditions d'admission.

Art. 34. Les élèves sont répartis en deux divisions.

La première division comprend les élèves qui ont terminé leur première année d'études, la seconde ceux nouvellement admis.

Art. 35. Un conseil d'instruction donne son avis sur toutes les questions qui sont déférées à son examen touchant l'enseignement de l'école et les études des élèves.

Au moins une fois par année, à l'époque où il est convoqué à cet effet, il soumet au conseil de perfectionnement ses vues sur les améliorations qu'il peut y avoir lieu de réaliser dans le système des études, dans les programmes d'admission et dans ceux de l'enseignement intérieur, et, en général, sur tout ce qui peut influer sur les progrès de l'instruction des élèves.

Il est consulté chaque fois que le conseil de perfectionnement est chargé de présenter des candidats pour la nomination aux emplois d'examinateur des élèves, d'examinateur d'admission, de professeur, de répétiteur et de maître. A cet effet, le général commandant l'école lui soumet la liste des candidats.

Le conseil désigne, sur cette liste, les deux candidats qui lui paraissent mériter la préférence.

Après cette opération, la même liste est soumise par le général aux délibérations du conseil de perfectionnement, qui désigne les deux candidats définitifs à présenter au Ministre, sans être lié par les choix du conseil d'instruction.

Ce dernier est également consulté sur les titres des candidats, toutes les fois que le Ministre doit nommer les conservateurs des collections scientifiques, ainsi qu'il est spécifié à l'article 27.

Le conseil d'instruction se réunit sur la convocation du général commandant l'école.

Art. 36. Le conseil d'instruction est composé ainsi qu'il suit :

Le commandant de l'école, président ;

Le commandant en second ;

Le directeur des études ;

Les examinateurs des élèves ;

Les professeurs ;

Le chef des travaux graphiques ;

L'officier supérieur directeur de l'instruction militaire.

Deux des capitaines inspecteurs des études, désignés annuellement par le commandant de l'école, remplissent les fonctions de secrétaire et de secrétaire adjoint du conseil, avec voix délibérative.

Dans les délibérations où il s'agit de questions se rapportant aux conditions d'admission à l'école, cinq des examinateurs d'admission désignés par le général commandant l'école siègent au conseil avec voix délibérative.

Art. 37. Un conseil de perfectionnement est chargé de la haute direction de l'enseignement de l'école et de son amélioration dans l'intérêt des services publics. Il coordonne cet enseignement avec celui des écoles d'application ; il arrête les programmes des examens et ceux de l'enseignement et fixe les règles générales de l'emploi du temps des élèves.

Ses propositions sont soumises au Ministre de la guerre.

Chaque année, il se réunit après les examens ; il s'assemble, en outre, toutes les fois que le Ministre de la guerre le juge nécessaire.

Art. 38. Le conseil de perfectionnement est composé ainsi qu'il suit :

Le commandant de l'école, rapporteur ;

Le commandant en second ;

Le directeur des études ;

Les généraux présidents des comités de l'artillerie et du génie ;

Le général commandant l'Ecole d'application de l'artillerie et du génie ;

Deux délégués du département des travaux publics ;

Trois délégués du département de la marine ;

Un délégué du département du commerce et de l'industrie ou du département des finances, alternativement ;

Trois délégués du département de la guerre ;

Deux membres de l'Académie des sciences ;

Deux examinateurs des élèves ;

Trois professeurs de l'école.

Les délégués des départements ministériels sont respectivement désignés par les ministres de ces départements.

Les deux membres de l'Académie des sciences sont élus par

elle ; les deux examinateurs des élèves et les trois professeurs sont choisis par le Ministre de la guerre.

Les membres amovibles du conseil de perfectionnement ne sont nommés que pour un an ; ils peuvent être nommés à nouveau.

Le conseil est constitué tous les ans à la reprise des études.

Il est présidé par le plus ancien des généraux présidents des comités de l'artillerie et du génie.

Les fonctions de secrétaire seront remplies par le directeur des études.

Art. 39. Le conseil d'instruction et le conseil de perfectionne-ment ne peuvent délibérer qu'autant que la moitié plus un des membres sont présents.

Dans l'un et l'autre conseil, en cas de partage égal des voix, celle du président est prépondérante.

Art. 40. Lorsque, conformément aux dispositions des articles 9, 23 et 24 ci-dessus, le conseil de perfectionnement a des candidats à présenter, il procède au scrutin secret.

Il n'y a présentation qu'autant que les candidats réunissent la moitié plus un des suffrages exprimés. Les bulletins blancs ne comptent pas comme suffrages exprimés à partir du deuxième tour de scrutin.

Art. 41. Le conseil d'instruction procède de la manière indiquée à l'article précédent, toutes les fois qu'il a des désignations à faire en conformité des articles 9, 24 et 27 du présent décret.

TITRE V.

RÉGIME, POLICE, DISCIPLINE.

Art. 42. Les élèves sont casernés et forment quatre compagnies ; leur uniforme est réglé par décision ministérielle.

Les élèves sont considérés comme présents sous les drapeaux dans l'armée active, en qualité d'engagés volontaires. Ils reçoivent l'instruction militaire complète et sont assujettis aux obligations et prescriptions édictées par les règlements généraux de l'armée, ainsi qu'il est indiqué aux règlements ministériels rendus en exécution du présent décret.

Ils sont à la disposition du Ministre de la guerre.

Art. 43. Dans chaque salle d'études, un élève désigné au commencement de l'année scolaire par le commandant de l'école, d'après son rang d'admission ou de classement, est nommé chef de salle. Il transmet aux élèves de sa salle les ordres et les communications de l'autorité supérieure.

Sous les armes, les chefs de salle remplissent les fonctions dévolues aux sous-officiers et caporaux d'une compagnie d'infanterie.

Art. 44. Deux fois par an, le commandant de l'école établit pour chaque élève un bulletin résumant les notes relatives au travail et aux progrès de l'élève, à sa conduite et à sa tenue; un relevé de ces notes est adressé au Ministre et aux parents des élèves.

Art. 45. Un conseil de discipline est spécialement institué pour prononcer sur le compte des élèves qui ont commis des fautes graves, ou dont l'inconduite est habituelle, ou qui se font remarquer par une insuffisance systématique de travail.

Le conseil de discipline est composé de cinq membres, savoir :

Le commandant en second, président ;

L'officier supérieur directeur de l'instruction militaire ;

Un chef de bataillon ou d'escadron de l'armée, ancien élève de l'école ;

Deux capitaines de l'école pris hors de la compagnie dont l'élève fait partie.

Les fonctions de rapporteur du conseil sont remplies par un des capitaines de l'école, choisi parmi ceux qui ne sont pas membres du conseil. Cet officier n'a pas voix délibérative.

Le chef de bataillon ou d'escadron de l'armée est nommé par le général de division, gouverneur militaire de Paris, sur la demande du général commandant l'école.

Les capitaines sont nommés par le général commandant l'école.

Les membres amovibles sont nommés tous les ans, à la reprise des études.

Art. 46. Le conseil s'assemble sur la convocation directe du commandant de l'école.

Il ne peut délibérer que lorsque tous ses membres sont présents. Nul membre ne peut se dispenser d'assister au conseil sans un empêchement légitime dont il doit donner avis dans le plus bref délai au commandant de l'école.

Les membres absents sont remplacés par des officiers du même grade désignés d'avance en qualité de suppléants.

Les membres du conseil siègent en tenue de service.

Art. 47. Lorsqu'un élève est traduit devant le conseil de discipline, le conseil, après s'être réuni et constitué, entend la lecture du rapport établi sur la conduite habituelle de l'élève et sur les faits qui motivent sa comparution devant le conseil; il prend connaissance de sa feuille de punitions ainsi que de ses notes depuis son entrée à l'école.

Le conseil peut, d'ailleurs, réclamer tous les renseignements écrits ou verbaux qu'il jugerait utiles dans l'intérêt de la discipline ou de l'élève inculpé.

L'élève est admis à présenter sa justification.

Art. 48. Lorsque le conseil juge qu'il est suffisamment éclairé le capitaine rapporteur, les divers témoins et l'élève inculpé se retirent, le conseil délibère et procède ensuite au vote par le mode du scrutin secret.

Art. 49. L'exclusion de l'élève ne peut être proposée par le conseil qu'à la majorité des deux tiers des voix. Le Ministre de la guerre statue et ne peut modifier l'avis du conseil qu'en faveur de l'élève.

L'exclusion peut être définitive ou temporaire.

L'élève exclu d'une façon définitive est envoyé dans un régiment comme soldat de 2ᵉ classe, pour y terminer le temps de service qui lui reste à faire. Il ne peut être admis de nouveau à l'école.

L'élève exclu d'une façon temporaire est envoyé dans un régiment comme soldat de 2ᵉ classe, jusqu'à la fin de l'année scolaire ; il rentre à l'école l'année suivante, dans la division qui porte le même numéro que celle dont il faisait partie, à condition qu'il se soit bien conduit au régiment.

Lorsque la décision du conseil est favorable à l'élève, le président se borne à transmettre le résultat du vote au général commandant l'école, qui inflige, s'il y a lieu, une punition disciplinaire et rend compte au Ministre.

Art. 50. En cas de troubles, de refus d'obéissance collectif ou de tout autre acte compromettant l'ordre de l'école et présentant un caractère d'insubordination générale, le Ministre de la guerre, sur le rapport du commandant de l'école, arrête les mesures nécessaires pour ramener l'ordre et la tranquillité et peut prononcer l'exclusion des élèves qui lui sont particulièrement signalés.

TITRE VI.

PASSAGE D'UNE DIVISION A L'AUTRE ET SORTIE DE L'ÉCOLE.

Art. 51. A la fin du premier semestre de l'année scolaire, les élèves de chaque division sont soumis à des interrogations générales, à la suite desquelles ils sont l'objet d'un classement provisoire dans lequel interviennent les notes obtenues par chaque élève depuis le commencement de l'année.

Ces interrogations générales sont faites par les professeurs et répétiteurs.

Art. 52. A la fin de chaque année scolaire, après la clôture des cours, les élèves de chaque division subissent les examens à la suite desquels ils sont classés par ordre de mérite, d'après l'ensemble des notes qui leur ont été données depuis leur entrée à l'école.

Les examens de la seconde année et les notes obtenues dans le courant de leurs deux années d'études servent à établir la liste par ordre de mérite des élèves admissibles dans les services publics.

Art. 53. Les élèves de seconde année déclarent, avant la fin des examens de sortie, à quel service public ils donnent la préférence, et subsidiairement dans quel ordre leur choix se porterait sur d'autres services. S'ils ne désirent prendre aucun service, ils le déclarent également.

Art. 54. Chacun des cinq examinateurs des élèves fait un examen de 1re division et un examen de 2e division sur les matières spécifiées au deuxième paragraphe de l'article 22.

Lorsque le nombre des élèves l'exige, des examinateurs suppléants sont chargés des examens de passage de 2e en 1re division. Ces examinateurs suppléants sont nommés chaque année par le Ministre, pour la durée de l'année scolaire suivante.

Les élèves de chaque division sont, en outre, examinés sur les matières enseignées dans les conférences militaires, ceux de la 1re division par l'officier supérieur directeur de l'instruction militaire, et ceux de la 2e division par un capitaine désigné par le commandant en second.

Art. 55. Par exception, il peut être décidé par arrêté ministériel, sur la proposition du conseil de perfectionnement, que les examens sur quelques cours spéciaux d'application ou sur des matières autres que celles réparties par l'article 22 entre les cinq examinateurs des élèves, seront faits par des délégués des services publics ou par des examinateurs spéciaux choisis à cet effet.

Art. 56. Les membres des comités ou des conseils supérieurs des corps qui se recrutent à l'Ecole polytechnique, les officiers, les professeurs et les membres du conseil de perfectionnement de l'Ecole polytechnique et des écoles d'application, ont le droit d'assister aux examens subis par les élèves des deux divisions.

Art. 57. Le Ministre de la guerre détermine, sur la proposition du conseil de perfectionnement, la proportion suivant laquelle les numéros de mérite obtenus par les élèves depuis leur entrée à l'école dans chaque spécialité de l'instruction, pour chaque nature de travail et chaque genre d'épreuves, doivent entrer dans les éléments de leur classement pour le passage d'une division dans l'autre ou pour leur admission dans les services publics.

Art. 58. Un jury est chargé d'établir la liste de passage de la 2e à la 1re division; le même jury dresse la liste de classement dans les services publics.

Ce jury est composé comme il suit :

Le général commandant l'école, président ;

Le commandant en second ;

Le directeur des études ;

Les cinq examinateurs des élèves ;

L'examinateur de sortie pour l'instruction militaire ;

Quatre membres du conseil de perfectionnement désignés par

ce conseil et choisis, deux parmi les membres militaires et deux parmi les membres non militaires.

Lorsque des examinateurs suppléants ont été nommés, conformément aux dispositions contenues dans l'article 54, ces examinateurs se joignent, pour le classement des élèves de 1re année, au jury déterminé ci-dessus.

Art. 59. Le jury exclut de la liste de sortie les élèves qui n'auraient pas satisfait à toutes les conditions exigées par les règlements. Il fait connaître au Ministre les noms des élèves de chacune des deux divisions qui, par suite de leur état de santé, n'ont pas pu suivre les cours d'une manière suffisante et peuvent être autorisés à redoubler leur année d'études, ainsi qu'il a été exposé à l'article 33 ci-dessus.

Art. 60. Les élèves de 1re année qui n'auraient pu, pour cause de santé, subir tous les examens généraux, pourront être admis en 1re division, si les notes qu'ils ont obtenues dans le courant de l'année constatent leur aptitude à suivre les cours de cette division.

Art. 61. Nul élève ne pourra être déclaré admissible dans les services publics, s'il n'a subi tous les examens de sortie, comme il est dit à l'article 2.

Art. 62. Lorsque le rang de sortie d'un élève qui n'a pas été reconnu apte au service militaire lui permet de choisir l'un des services civils se recrutant à l'école, son admissibilité ou son inadmissibilité dans ce service au point de vue de l'aptitude physique est prononcée par le jury de classement, auquel le médecin chef de l'école est adjoint avec voix consultative.

Art. 63. Les élèves de la 1re division déclarés par le jury inadmissibles dans les services publics pour défaut d'instruction, ne sont point portés sur les listes de sortie déterminant le classement dans les divers services.

Ils sont traités conformément aux dispositions de l'article 70 ci-après.

Ils peuvent être réadmis à l'école, mais seulement par voie de concours et s'ils remplissent encore les conditions voulues pour l'admission.

Tous les élèves qui satisfont aux conditions des examens et qui n'entrent pas dans les services publics, soit parce qu'ils n'ont pu obtenir le service qu'ils désiraient, soit parce qu'ils n'ont demandé aucun service, sont portés à leur rang sur la liste de classement.

Art. 64. Il est délivré à ces derniers élèves, sur leur demande, un certificat de capacité, constatant qu'ils ont satisfait aux examens de sortie.

Art. 65. Les jugements rendus par le jury et portant exclusion de la liste de sortie sont définitifs et ne peuvent être modifiés.

Art. 66. Les listes de classement par ordre de mérite étant établies, les élèves portés sur la liste de sortie sont répartis dans les divers services jusqu'à concurrence des places disponibles ; ils sont désignés, suivant leur rang, pour le service qu'ils ont demandé en première ligne ou, à défaut de place dans ce service, pour celui qu'à titre subsidiaire ils ont indiqué immédiatement à la suite dans la déclaration spécifiée à l'article 53.

Art. 67. Avant la clôture des opérations du jury, chacun des examinateurs peut présenter au jury, s'il le juge nécessaire, un rapport détaillé sur l'ensemble des examens subis devant lui.

Les rapports des examinateurs, ainsi que les observations que ces rapports ont pu suggérer aux autres membres du jury, sont transmis au conseil de perfectionnement et au Ministre de la guerre.

Art. 68. Les élèves admissibles dans les services publics qui, faute de place, n'ont pu être désignés pour l'un des services énumérés à l'article 1er du présent décret, sont susceptibles, conformément aux articles 3 et 25 de la loi du 14 avril 1832, d'être nommés sous-lieutenants dans les corps de l'armée de terre ou de mer autres que ceux indiqués audit article 1er.

Ils peuvent être reçus à l'École forestière ou être admis à suivre les cours des écoles civiles d'application.

Art. 69. Il peut être alloué, sur la proposition des conseils d'instruction et d'administration, à chaque boursier ou demi-boursier nommé officier après avoir satisfait aux examens de sortie, la première mise d'équipement militaire attribuée, dans l'arme où il doit entrer, aux sous-officiers promus officiers.

Art. 70. Les élèves reconnus aptes au service militaire qui ne peuvent satisfaire aux examens de sortie sont dirigés sur un corps de troupes pour y terminer le temps de service qu'il leur reste à faire.

Ceux qui sont admis dans un des services civils se recrutant à l'école et ceux qui quittent l'école, après avoir satisfait aux examens de sortie, sans entrer dans aucun service, sont nommés sous-lieutenants de réserve et accomplissent en cette qualité dans un corps de troupes leur troisième année de service.

Ceux qui viendraient à quitter le service civil dans lequel ils sont admis n'en sont pas moins soumis à cette obligation. Ceux qui donneraient leur démission de sous-lieutenant de réserve avant l'accomplissement de leur troisième année de service n'en resteraient pas moins soumis à toutes les conséquences de l'engagement de troix ans contracté par eux.

Tout élève non engagé appelé, après sa sortie de l'école, devant le conseil de revision et reconnu apte au service militaire, ne sera tenu d'accomplir qu'une année de service effectif dans les conditions auxquelles il aurait été soumis s'il s'était engagé au moment de son admission à l'école, pourvu toutefois qu'il ait satisfait aux examens de sortie.

TITRE VII.

ADMINISTRATION ET COMPTABILITÉ.

Art. 71. L'administration et la comptabilité sont régies conformément aux dispositions du décret du 26 juillet 1893 et du règlement ministériel de même date.

Conformément aux dispositions de l'article 2 du règlement précité, le conseil d'administration est composé comme il suit :

Le commandant de l'école, président ;

Le directeur des études ;

L'administrateur civil, ou major rapporteur ;

Le trésorier, secrétaire ;

Le comptable du matériel.

TITRE VIII.

DISPOSITIONS GÉNÉRALES.

Art. 72. Le Ministre de la guerre détermine, par des règlements particuliers ayant pour base les dispositions du présent décret, tout ce qui est relatif au service intérieur et à la discipline.

Art. 73. Chaque année, un général de division est chargé de l'inspection générale de l'école en ce qui se rapporte à l'instruction militaire, au service, à la discipline, à l'administration et à la comptabilité.

Art. 74. Toutes les dispositions contraires au présent décret sont et demeurent abrogées.

Art. 75. Les Ministres de la guerre, de la marine, du commerce, de l'industrie et des colonies, des finances et des travaux publics sont chargés, chacun en ce qui le concerne, de l'exécution du présent décret, qui sera inséré au *Bulletin des Lois*.

Fait à Paris, le 13 mars 1894.

Signé : CARNOT.

Par le Président de la République :

Le Ministre de la guerre,

Signé : A. MERCIER.

MODÈLE A.

———

CERTIFICAT D'ADMISSION

A L'ÉCOLE POLYTECHNIQUE.

———

Nous soussigné,   général commandant l'École
polytechnique, certifions que le sieur   , né
le   , à   canton d   ,
département d   , fils d   et d   ,
domiciliés à   , canton d   , département
d   , a été admis sous le numéro   à l'École polytechnique, le   189 .

Fait à Paris, le   189 .

———

Modèle n° 7.

—

(Article 5 du décret
du
28 septembre 1889.)

MODÈLE **B**.

———

CERTIFICAT D'APTITUDE

DÉLIVRÉ PAR L'AUTORITÉ MILITAIRE

Au sieur   qui a déclaré vouloir servir
comme engagé volontaire.

Nous, soussigné,   général commandant l'Ecole
polytechnique, certifions que nous avons fait visiter en notre présence
par M.   , médecin principal de 2ᵉ classe, médecin
chef à l'École polytechnique,

Le sieur   , né le   ,
à   , canton d   ,
département d   , et résidant à   ,
canton d   , département d   ,
fils d   et d   , domiciliés à   , canton d   , département
d   , taille d'un mètre   centimètres, che-
veux   , sourcils   , front   ,
yeux   , nez   , bouche   ,
menton   , visage   , marques particu-
lières   , et qu'il résulte de cette visite que le sieur
n'est atteint d'aucune infirmité ; qu'il est sain, robuste et bien constitué.

En conséquence, et après avoir reconnu par nous-même qu'il réunit la
taille et les autres qualités requises pour le service militaire,

Nous déclarons que l'acte d'engagement qu'il demande à contracter pour
servir dans l   peut être reçu.

En foi de quoi nous lui avons délivré le présent certificat, signé de
nous et de M.   , médecin principal de
2ᵉ classe.

Fait à Paris, le
       (1)
       (2)   (3)

———

(1) Signature de l'engagé.
(2) Signature du docteur.
(3) Signature de l'officier qui a établi le certificat.

Paris. — Imprimerie L. Baudoin, 2, rue Christine.

www.ingramcontent.com/pod-product-compliance
Lightning Source LLC
LaVergne TN
LVHW011029050726
842519LV00004B/1294